Am Ende der Fibel finden sich wichtige Hinweise für die Eltern.

BAUSTEINE

Fibel

1

Erarbeitet von
Kirsten Bruhn, Regina Eimermacher-Raczek,
Sabine Gudat-Vasak, Gabriele Hinze,
Siegfried Müller, Daniela Reinker

Unter Beratung von Siegfried Buck

Diesterweg

Inhalt

Wir lesen 4
E e, L l

In der Schule 12
A a, S s, N n

Bei uns zu Hause 20
R r, M m, I i

Lecker, lecker 28
O o, T t, F f

Tiere 36
K k, ck, Ei ei, U u

Rund ums Buch 44
D d, ch, H h, St st, Au au

Piraten, ahoi! 52
Sch sch, ie, P p, G g

Du und ich 60
B b, W w, ß, Eu eu

Inhalt

Geniale Erfindungen 68
V v, Qu qu, Z z

Es war einmal 74
ä ö ü, äu, Ch

Fernsehen und Computer 84
J j, ng, C c, Sp sp

Pst, geheim! 90
X x, Pf pf, Y y

Dies und das 98

Durch das Jahr 112

Diese Texte sind für Kinder mit fortgeschrittenen Lesekenntnissen gedacht.

Wir lesen

Otmar Alt

Lea und Ele

Heute ist ein großer Tag für Lea. Die Schule beginnt
und Lea kommt in die erste Klasse. Sie freut sich schon.
Lea wohnt neben dem Zoo, weil ihre Mutter dort arbeitet.
Auf dem Weg zur Schule geht sie noch schnell
5   am Gehege der Elefanten vorbei.
Der kleine Elefant Ele ist für sie ein richtiger Freund.
Ele hört immer genau zu, was Lea ihm erzählt.
Wenn Ele alles verstanden hat, trötet er mit dem Rüssel.
Wenn Ele sich auf etwas freut, wackelt er mit den Ohren.
10 Endlich steht Lea vor dem Elefantengehege.

Lea: Hallo Ele! Jetzt bin ich ein Schulkind
und gehe jeden Tag in die Schule.
Ele (trötet mit dem Rüssel): Törööö!
Lea: Nach der Schule erzähle ich dir
15 von den anderen Kindern in meiner Klasse.
Ele wackelt mit den Ohren.
Lea: Drück mir den Rüssel, dass sie alle nett zu mir sind.
Ele (trötet mit dem Rüssel): Törööö!
Lea: Wenn ich Freunde finde, lade ich sie in den Zoo ein.
20 Dann kannst du sie auch kennenlernen.
Ele wackelt mit den Ohren.
Lea: Hoffentlich kann ich bald lesen. Dann kann ich dir alles
über Afrika vorlesen. Das ist das Land, wo du herkommst.
Ele (trötet mit dem Rüssel): Törööö!
25 Lea: Und wenn ich Geschichten schreiben kann,
dann schreibe ich alles auf, was wir beide so machen.
Das ist doch toll! Ele wackelt mit den Ohren.
Lea: Oh Ele, nun muss ich aber schnell losgehen. Bis später!

Zum Vorlesen und Mitmachen:
Hände an die Ohren legen und mit ihnen wackeln, Törööö rufen

Wir lesen

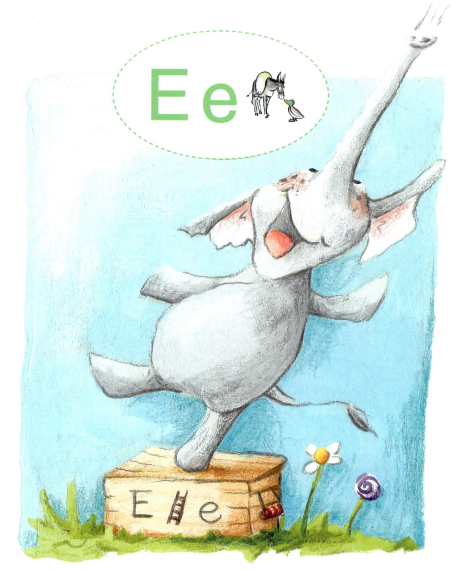

Wir lesen

E e e e

E l e   L e a   O l e

Ein toller Tag im Zoo.
Ole lernt Ele kennen.

Elen: Gazellenart, lebt in der Steppe Afrikas

In der Schule

Giovanni Vetere

In der Schule

Endlich in der Schule

Alles was ich mir gut merken will,
das schreib ich einfach auf.
Dann guck ich später nach, was ich geschrieben hab,
und schon komm ich drauf.
5 Wenn ich erstmal schreiben kann,
bekommst du einen Brief von mir.
Du schreibst mir zurück und ich warte dann
auf den Briefträger und Post von dir.

Endlich kann ich selbst Geschichten lesen,
10 brauche keine Vorleser mehr:
Märchen, Comics und sogar die Zeitung,
darauf freue ich mich sehr.
Ich werd die tollsten Bücher lesen,
Langeweile hab ich nie.
15 Abenteuer, Dinos, Hexen auf dem Besen
im Land der Fantasie.

Eine Kugel Eis kostet 50 Cent,
wie viel kosten dann zwei Stück?
Wenn ich jetzt dem Eismann fünf Euro gebe,
20 was bekomm ich dann zurück?
Wenn ich erstmal rechnen kann,
weiß ich das ganz genau:
Für wie viel Geld ich was bekomm,
ja, Schulkinder sind schlau.

Detlef Cordes (www.spiellieder.de)

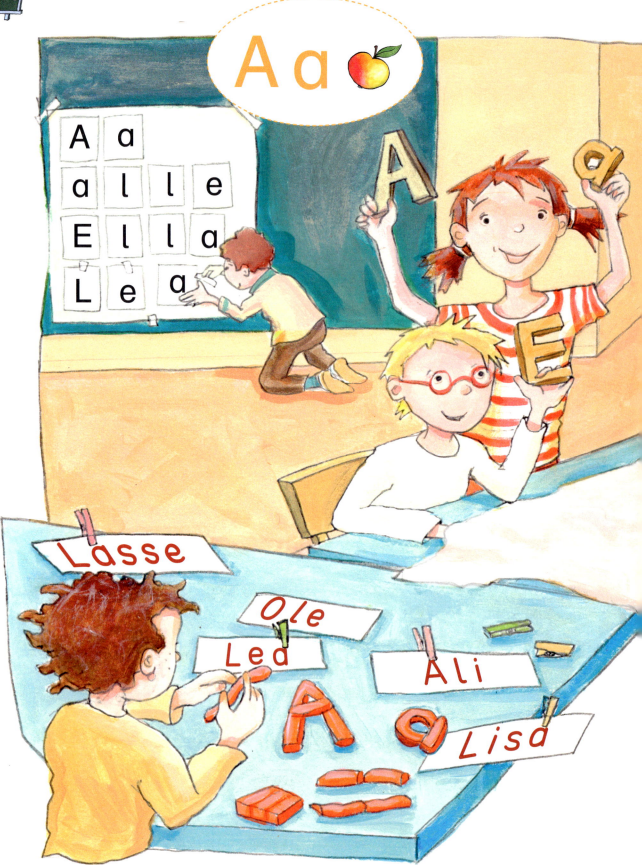

In der Schule

 a e l   A   e

A a a   a l a

Ali und Lisa lesen und malen.
Lea hat das a gefunden.
Was sucht Ole?

In der Schule

S l   E s s e

 s e   l e s e

S    e

Ich bin der Quiesel.
Ich will mit allen Kindern
lernen und spielen.

In der Schule

Ali will Nashorn schreiben.
Lea schreibt Ele.
Ole und Lisa lesen
in einem Buch.

Bei uns zu Hause

Friedensreich Hundertwassser

Hausspruch

In meinem Haus,
da wohne ich,
da schlafe ich,
da esse ich.

    Und wenn du willst,
    dann öffne ich
    die Tür
    und lass dich ein.

In meinem Haus,
da lache ich,
da weine ich,
da träume ich.

    Und wenn ich will,
    dann schließe ich
    die Tür
    und bin allein.

Gina Ruck-Pauquèt

Nera, lass Lisa lesen.

Bei uns zu Hause

Lisa und Ole spielen.
Lisa sagt: Hose!
Ole ruft: Dose!
Lisa sagt: Maus!
Ole ruft: Haus!

M m

Alle malen.
Lea, Ali malen Mama am Meer.
Ole, Lisa malen 2 Esel am See.

Bei uns zu Hause

Lisa, Ali und Ole sind bei Lea.
Lea hat schöne Bilder gemalt.
Lea ist eine Malerin.

Bei uns zu Hause

Ole hat Geburtstag.
Er feiert mit Lea und Ali.
Die Kinder machen ein Spiel.
Sie finden Quiesel.

Lecker, lecker

Kestutis Kasparavicius

Streit in der Küche

In der Küche von Familie Köstlich geht es seit einiger Zeit nachts sehr unruhig zu. Die Gabel, das Messer und der Löffel streiten sich fürchterlich. Jeder ist der Meinung, er sei der Wichtigste. Die Gabel meint: „Mich brauchen die Menschen täglich. Nur mit mir können sie die feinsten Speisen essen." Doch das Messer sagt: „Gnädigste, ohne die feinsten Speisen vorher zu schneiden, kann man sie nicht genießen. Deshalb bin ich am wichtigsten." Auch der Löffel hat etwas zu sagen: „Kann man eine Suppe mit Messer und Gabel essen?"

So geht es hin und her. Nun meldet sich der kleine Teelöffel zu Wort: „Mich solltet ihr auf keinen Fall vergessen. Mit mir wird jeden Morgen Zucker in den Tee gerührt."
Es führt kein Weg aus diesem Streit.

Eines Tages bereitet Familie Köstlich ein Festessen vor. Die Gabel ist sich sicher, dass nur sie wichtig ist. Doch das Messer hat den Braten im Ofen entdeckt und weiß, dass das Schneiden seine Aufgabe ist. Frau Köstlich bereitet eine Suppe vor. Also wird auch der Löffel gebraucht. Als der Tisch festlich gedeckt wird, schauen die Gabel, das Messer und der Löffel mitleidig auf den Teelöffel. „Sei nicht traurig, aber an so einem Tag bleibst du besser in der Küche." Nach dem Essen ruft der kleine Paul: „Gibt es heute keinen Nachtisch?" Frau Köstlich sagt: „Ich habe einen leckeren Obstsalat vorbereitet. Fast hätten wir ihn vergessen."
Jetzt wird der Teelöffel doch noch gebraucht.
In der kommenden Nacht ist es überraschend still in der Küche.

O o

RI RO RONEN
Alle essen Melonen.
RI RO RAS
Alle essen Ananas.

RI RO RINEN
Alle essen Rosinen.

Lecker, lecker

O b s t - S a l a t
B a n a n e n
B i r n e n   N ü s s e
T r a u b e n

Rosinen und Nüsse aus der Türkei
Melonen und Zitronen aus Italien
Ananas und Bananen aus Brasilien
Äpfel und Birnen aus Deutschland

Lea nimmt Tomaten-Salat.
Oma nimmt Ananas-Torte.
Nimmt Ole Salami?

Lecker, lecker

Lea nimmt Limo.
Oma nimmt Tee.
Nimmt Ole Ananas?

 o m m e s i   a

 a e t t i S a t

Ole mag Hähnchen mit Pommes.
Lea will lieber Obst und Salat.
Oma nascht gern.
Alle sind zufrieden.

Ole ruft: Tolles Essen!
Soll Lea Rosinen mit Senf essen?

Lecker, lecker

Fest-Essen

1 Fass Melonen-Saft mit Linsen
1 Meter Salami mit Rosinen
10 Tomaten-Torten mit Senf

Mmm!

✂ 🚫 s s e l		🏐 r e t t
L 🕯 f f e l		R 🍦 🏐 e
🦒 a 🏐 e l		M i 🎵 e r

Quiesel kocht tolle Sachen.
Ele soll es probieren.
Mmm, alles ist lecker!
Was magst du am liebsten?

Tiere

August Macke

Was Tiere können

Viele Tiere
können springen,

andre möchten
lieber singen.

Manche wollen
ganz gern fliegen,

andre bleiben
besser liegen.

Dann gibts welche,
die gut tauchen,

und auch welche,
die laut fauchen.

Manche können
sehr schlecht sehn,

andre dafür
richtig gehn.

Detlev Kersten

K k   ck

Affe Kiko kann klettern.
Er klettert an Lianen.
Kiko kann malen.
Er kann toll klecksen.

Tiere

Kiko lockt Kamele an.
Er nimmt Karotten.
Kamel Kara rennt los.
O, so leckere Karotten.

Kiko lockt mit zwei Karotten
Kamele an.
Kamel Kara rennt hin
und schnappt sich beide Karotten.
Dann reitet Kiko auf dem Kamel.

Ei ei

Eier im Meisen-Nest   Kleine Meisen im Nest

Eine Meise kommt mit Insekten ins Nest.

Tiere

Meisen fressen Samen.
Eine Nonnen-Meise
ist klein.
Eine Tannen-Meise
kann klettern.

Nonnen-Meise

Tannen-Meise

Es gibt verschiedene Meisen-Arten.
Im Garten siehst du oft die Kohlmeise.
Du erkennst sie an ihrem schwarzen Kopf
und dem gelben Bauch.
Sie ist größer als die Tannen-Meise.

U u

Ulfi ist ein kleiner Kater.
Er rast um eine Ecke.

Es knallt, es klirrt.
Murmeln fallen runter.

Murmeln rollen unter ein Sofa.
Murmeln kullern an ein Kissen.
Lea ruft Ulfi.
Ulfi ist unter einem Sessel.

Wie alle Katzen kam Ulfi
blind und taub zur Welt.
Mit 23 Tagen lernte er laufen.
Und im Alter von 4 Wochen
konnte er springen und spielen.
Seitdem geht es lustig zu.

Rund ums Buch

Helga Sermat

Lesestunde

Ein Hund, ein Schwein, ein Huhn, ein Hahn,
ein Specht, der gerade zu Besuch,
die fanden hinterm Haus ein Buch –
was haben da die fünf getan?
5 Sie riefen alle laut: „Mal sehn,
was mag auf Seite eins wohl stehn?"

„Oi oi oi oi", so las das Schwein.
Da sprach der Hund: „Das kann nicht sein.
Da steht wau wau wau wau wau wau."
10 Der Specht rief gleich: „Ich seh's genau.
Da steht tak tak tak tak tak tak."
Das Huhn las eifrig: „Gack gack gack."
Hell schrie der Hahn: „Das stimmt doch nie,
da steht kikerikikrikri!"

15 Die Eule hörte das Geschrei
im Tagversteck und flog herbei.
Nun sprach der Hahn mit wilden Augen:
„Das dumme Buch kann nicht viel taugen,
denn jedem lügt's was andres vor."
20 Die Eule hielt es an ihr Ohr:
„Mir sagt das Buch, es läg daran,
dass keiner von euch lesen kann."

Hans Baumann

D d   ch

Ole kann lesen:
Dunkler Adler ist ein Indianer.
Er soll eine alte Trommel suchen.
Dunkler Indianer reitet los.
Es ist Nacht. Da trifft er
im Mondlicht einen alten Mann.

Dunkler Adler soll durch den Fluss reiten.
Da ist ein dicker Kaktus mit drei Armen.
Dort muss der Indianer
nach der Trommel suchen.

Bücher lesen ist wie träumen.
Du kannst mit den Geschichten
viel erleben:
Reite mit Indianern auf wilden Pferden,
kämpfe mit Rittern, sei Detektiv,
suche Schätze und finde neue Freunde.

H h ♥   St st ⭐

Ole ist bei Lea. Es ist Nacht.
Ole und Lea lesen still
unter einer Decke.
Dann holt Ole sein dickes 📖 .
Er stellt einen Stuhl an das Fenster.

Rund ums Buch

Am Himmel stehen Millionen Sterne.
Ole kennt einige Sterne mit Namen.
Ihre Namen stehen im Sternen-:
Hase, Orion und Kleiner Hund.

Ole übernachtet heute bei Lea.
Er hat viele Bücher dabei.
Sein Lieblingsbuch ist ein Sachbuch.
Darin steht:
Ein wichtiger Stern ist der Polarstern.
Er steht immer im Norden.
Der große Wagen hat 7 Sterne.

Lea ist Astronautin.
Mit ihrem Raketen-Auto saust Lea ins All.
Es knattert und raucht.
Auf dem Mars klettert Lea
aus ihrem Raketen-Auto.

Da kommt ein kleiner Mars-Mann.
Sein Name ist Aumaumau.

Lea fasst Aumaumau an.
Es knistert und kracht.
Au, Aumaumau

Lea will am nächsten Morgen ihren Traum aufschreiben. Auch Ole soll lesen, was sie geträumt hat. Vielleicht fallen ihr noch mehr Geschichten mit Aumaumau ein. Dafür bastelt sie sich ein kleines Buch. Sie beginnt zu schreiben.

Piraten, ahoi!

Wassily Kandinsky

Piraten, ahoi!

Alle, die mit dem Piratenschiff segeln

Alle, die mit dem Piratenschiff segeln,
müssen mutige Leute sein.
Alle, die mit dem Piratenschiff segeln,
müssen mutige Leute sein.
5 Ali, Tina, Lea und Pit, die sind sehr mutig,
die sind sehr mutig.
Ali, Tina, Lea und Pit, die sind sehr mutig,
die segeln mit.

Alle, die mit uns auf Schatzsuche gehen,
10 müssen clevere Leute sein.
Alle, die mit uns auf Schatzsuche gehen,
müssen clevere Leute sein.
Ali, Tina, Lea und Pit, die sind sehr clever,
die sind sehr clever.
15 Ali, Tina, Lea und Pit, die sind sehr clever,
die gehen mit.

Alle, die gerne den Piratentanz tanzen,
müssen Leute mit Stiefeln sein.
Alle, die gerne den Piratentanz tanzen,
20 müssen Leute mit Stiefeln sein.
Ali, Tina, Lea und Pit, die haben Stiefel,
die haben Stiefel.
Ali, Tina, Lea und Pit, die haben Stiefel,
die tanzen mit.

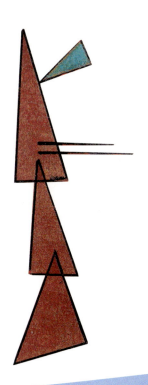

Zum Vorlesen und Mitsingen

Sch sch ie

Die Kinder sind Matrosen.
Ole ist der Koch auf dem Schiff.
Er kocht Muscheln mit Kartoffeln.
Matrosin Lea schaut in die Ferne.
Ist Land in Sicht? Nein!
Ein Orkan kommt auf.

Piraten, ahoi!

Alarm!

Alle rennen an Deck.

Sie machen das Schiff sicher.

Das Schiff schaukelt.

Seemann Ali lehnt schief am Mast.

Er ist seekrank.

Auf dem Schiff arbeiten Matrosen.
Der Smutje kocht in der Kombüse.
Der Steuermann hält den Kurs.
Der Kapitän hat alles im Griff.
Er passt auf, dass das Schiff
nicht in Seenot gerät.

P p

Pirat Pepe deckt den Tisch,

denn Per macht frischen Fisch.

Pirat Poffel

pellt eine Kartoffel.

Pirat Plum

planscht noch im Meer herum.

Pirat Puck

poliert Perlen und Schmuck.

Pirat Pit

plappert und poliert mit.

Pirat Klaus

pustet alle Lampen aus.

Piraten, ahoi!

Die Piraten schlafen sich aus.
Dann planen sie eine schreckliche
Kaper-Fahrt.

Die Kinder auf dem Schiff spielen Piraten.
Sie machen eine See-Reise.
Mit dem Fernrohr schauen sie
über das weite Meer.
In der Ferne erkennen sie ein fremdes Schiff.
Sie wollen es kapern.
Gold und Edelsteine wollen sie rauben.

G g

Am Morgen fahren die Piraten
auf eine Insel ohne Namen.
Hier gibt es Palmen, Papageien
und gruselige Geheimnisse.
Niemand soll die Piraten hier finden.
Einige Piraten tragen Schaufeln.
Damit schaufeln sie
ein tiefes Loch in den Sand.
Niemand soll ihre Truhen
mit Gold finden.

Piraten, ahoi!

Am Strand feiern die Piraten ein Kaper-Fest.
Sie grillen Fische und trinken Kokos-Saft.
Sie raufen sich und lachen sich kaputt.

Die Piraten singen wilde Lieder bis
in die Nacht. Dann legen sie sich ins Gras
und schlafen ohne Decke.
Sie waschen und kämmen sich nicht.
Am nächsten Morgen essen sie
Bananen-Grütze und trinken Gewitter-Wein.

Du und ich

Rosemary Woods

Freunde

Freunde braucht man
für tausend Sachen.
Freunde braucht man,
um Quatsch zu machen.
Freunde sind da,
heute und morgen.
Wer einen Freund hat,
der hat nur halb so viel Sorgen.
Eine Freundin geht mit auf Abenteuer.
Zusammen verjagt man die Ungeheuer
und spielt gemeinsam Drachenschwanzjagen.
Dann scheint die Sonne sogar an Regentagen.

Lea Hector

B b

Das Baumhaus

Ole und Ali treffen sich am Nachmittag.
Sie bauen ein Baumhaus in Oles Garten.
Sie brauchen Bretter, einen Bohrer
und Schrauben. Beide arbeiten schnell.
Bald können sie das Baumhaus anmalen.
Ole malt eine gelbe Blume.
Ali malt einen blauen Ball.

Am Abend sind sie fertig.
Schnell richten sie ihr Haus ein.
Ole holt eine alte Bettdecke
und Ali eine Lampe.
Sie essen ein Butterbrot.
Gemeinsam haben sie alles geschafft.

Ali und Ole sind stolz:
Sie haben das tollste Baumhaus gebaut,
das sie kennen.
Hier können sie Pläne schmieden,
faulenzen, lesen und Späße ausdenken.
Dieser Platz gehört ihnen ganz alleine.
Nur gute Freunde dürfen in das Baumhaus.

Wale sind Leas Lieblings-Tiere. Ali hat im Urlaub große und kleine Wale gesehen.

Ali wird wild und reißt Lea das Buch aus der Hand. Was nun?

Lisa hat eine Idee: Ali und Lea
werden das große Wale-Buch
gemeinsam lesen und angucken.
Sie gehen in die Leseecke.

Das kennt sicher jeder:
So richtig wütend sein
und etwas sagen oder machen,
was man gar nicht so meint.
Auch gute Freunde streiten sich manchmal.
Wichtig ist, dass man darüber spricht.
Ali und Lea haben sich wieder vertragen.

Eu eu

Neue Freunde

Eugen ist neu in der Stadt.
Hier hat er noch keine Freunde gefunden.
Heute steht Eugen am Fußballfeld.
Er kickt auch gerne.
Aber Eugen mag nicht fragen,
ob er mitmachen darf.
Dann erkennt er Lea und Ali
aus seiner neuen Klasse.
Lea schießt einen Pass zu Ali.
Doch Ali stolpert.

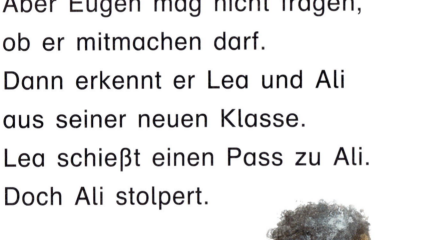

Er liegt am Boden.
Sein Bein brennt wie Feuer.
Da sieht Ali Eugen am Spielfeldrand.
Willst du kicken?, fragt ihn Ali.
Eugen nickt. Lea gibt ihm den Ball.
Na dann, los!, ruft Ali
und Eugen flankt zu Lea.

Fußball

Anpfiff, Anstoß,
gib doch ab, gut gemacht,
dribbeln, dribbeln, rennen, rennen,
Abspiel, Flanke,
Schuss, Torwart hält.

Abschlag, Kopfball,
gib doch ab, gut gemacht,
dribbeln, dribbeln, rennen, rennen,
Ecke, Eckball,
Schuss, Tor! Tor!

Siegfried Müller

Geniale Erfindungen

Mordillo

Das Super-Ferienmobil

Es war in Paris am 24.1.99. Die Familie des berühmten Erfinders
Professor Nahodil plante ihre Ferienreise. „Kannst du nicht ein
fahrbares Ferienhaus erfinden, dann können wir überall hinfahren,"
schlug Frau Nahodil vor. Herr Nahodil wurde bleich.
5 Er kannte seine Frau und seine zehn Kinder. Wie sollte er
ein Super-Ferienmobil erfinden, das allen gefiel? Herr Nahodil ging
in seine Erfinder-Werkstatt und machte sich ans Werk. Er kam
gut voran und Frau und Kinder bewunderten seine Arbeit. Dann aber
ging es los. Zuerst kam Frau Nahodil: „Ich brauche einen Dampfabzug
10 in der Küche und eine Dachterrasse mit Wäscheleine!"
Dann schrien die Kinder durcheinander: „Ich will kein Plumpsklo,
sondern eine richtige Toilette!" „Ich muss unbedingt eine Badewanne
haben!" „Ich brauche einen Aussichtsbalkon!" — und, und, und...
Herrn Nahodil packte die Verzweiflung.

15 Wochenlang grübelte er, probierte und montierte. Das Ferienmobil
wurde immer größer, höher, voller. Nach einiger Zeit musste er
es vor der Werkstatt stehen lassen. Da kam die Polizei.
„Dieses Fahrzeug ist nicht verkehrssicher. Damit dürfen Sie
nicht auf die Straße", sagten sie und überreichten Herrn Nahodil
20 eine lange Liste mit Vorschriften. Herr Nahodil wankte ins Haus.

Er legte sich ins Bett und aß eine ganze Tüte Gummi-Bärchen.
Dann sagte er trotzig: „Ich habe die Wünsche von meiner Frau
und den zehn Kindern erfüllt. Ich werde auch noch die Vorschriften
der Polizei erfüllen." Das dauerte allerdings sehr lange.
25 Schließlich musste Herr Nahodil nur noch die Scheinwerfer,
die Rücklichter und die Hupe montieren.

Am 6.10.99 fuhr die Familie Nahodil mit dem Super-Ferienmobil
zur Polizei und bekam endlich die Zulassung. Und weil am selben Tag
die Herbstferien begannen, fuhren sie gleich weiter.

Gisela Buck

Wie man Vampire vertreibt

Eva hatte ein Vampir-Buch gelesen.
Nun konnte sie nicht einschlafen.

Morgen erfinde ich eine Maschine,
die soll in der Nacht Vampire vertreiben,
nahm sie sich vor.

Am Morgen machte sie sich an die Arbeit.
Sie wusste, dass Knoblauch-Duft
Vampire vertreibt.
Am Abend war nach vielen Versuchen
ihre Maschine fertig.
Diese presste automatisch immer wieder
eine Knoblauch-Knolle aus.

Geniale Erfindungen

Auf einmal knurrte Evas Magen.
Sie kochte sich eine Kartoffel-Suppe.
Da rasselte die Vampir-Vertreib-Maschine
und presste eine Knoblauch-Knolle aus.
Eva schob schnell ihren Suppen-Topf darunter.

Super!, rief sie.
Wenn ich die Suppe esse,
rieche ich selber nach Knoblauch.
So bin ich vor Vampiren sicher.

Da konnte Eva wieder gut schlafen.

Qu qu

Quiesel als Erfinder

Quiesel hat etwas Tolles erfunden.
Kennst du seine Qualm-Maschine?

Mit einem Hebel schaltet er
die Maschine ein.
Sie quietscht und rattert.
Nun kann Quiesel lustige Qualm-Figuren formen.
Blumen, Tiere und Gesichter schweben
quer durch die Luft.
Quiesel erkennt eine riesige Qualle.

Schwebt dort oben Ele?
So ein Quatsch. Ele steht hinter Quiesel.

Die Wunsch-Maschine

Quiesel hatte einen Traum.
Er war mit Ele im Schlaraffenland.
Deshalb erfindet er zusammen mit Ele
eine Wunsch-Maschine.

Es ist so weit. Sie starten.
Die Maschine wackelt
heftig hin und her.

Endlich sind Ele und Quiesel am Ziel.
Wie sieht es denn hier aus?
Alles ist mit buntem Zucker bestreut.

Zuerst leckt Quiesel am Zaun.
Er ist aus Schokolade.
Ele findet Pilze aus Marzipan.
Der Weg ist mit Keksen bedeckt.
Es duftet nach Zuckerwatte.
Quiesel und Ele wollen
am liebsten hierbleiben.

Es war einmal

Hans Fischer

Es war einmal

Rot ist die kleine Mütze.

Oma liegt krank im Bett.

Tannengasse? Da wohnt die Oma.

Kuchen will ihr das Mädchen bringen.

Äpfel hat es auch im Korb.

Pilze sieht das Kind im Wald.

Pflückt schnell ein paar Blumen.

Chrr – schnarcht da jemand?

Hat Oma immer so große Ohren?

Ein Jäger kommt und hilft.

Nun gibt es Saft und Kuchen.

Wenn du die roten Buchstaben
von oben nach unten liest,
weißt du, wie das Märchen heißt.

Zum Mitlesen und Raten

Rotkäppchen

Die Mutter schickt Rotkäppchen
zur Großmutter.
Das Kind soll ihr Kuchen
und ein Fläschchen
Wein mitbringen.

Im Wald pflückt das Mädchen
ein schönes Sträußchen.
Der Wolf kommt.
Er fragt: Rotkäppchen,
wo gehst du hin?
Das Mädchen antwortet:
Ins Häuschen unter den Tannen,
dort wohnt meine Großmutter.

Es war einmal

äu

Der Wolf läuft zum Haus.
Er schluckt die Großmutter
in einem Happen hinunter.
Dann legt er sich in ihr Bett.

Die Großmutter sieht heute komisch aus,
denkt Rotkäppchen.
Sie fragt: Warum hast du so große Augen?
Der Wolf antwortet: Damit ich dich gut sehen kann.
Sie fragt: Warum hast du so große Ohren?
Er antwortet: Damit ich dich gut hören kann.

Dann fragt Rotkäppchen:
Warum hast du ein so großes Maul?

Der Wolf antwortet:
Damit ich dich gut fressen kann!

Dann springt er auf und schluckt
auch das Rotkäppchen hinunter.

Der Wolf legt sich wieder in die Kissen.
Er schläft ein.
Der Förster hört sein Schnarchen.
Er kommt und schneidet den Wolf auf.
Rotkäppchen und die Großmutter
kommen heraus.

Sie füllen den Wolf mit Steinen.
Als er aufwacht und fortrennen will,
fällt er tot um.

Rotkäppchen, die Großmutter und der Förster
freuen sich. Sie essen den Kuchen
und trinken Wein und Saft.

Ch

Die drei kleinen Schweinchen

Es waren einmal drei kleine Schweinchen.
Sie hießen Christof, Christian und Christine.
Christof machte sich ein Haus aus Gras.

Eines Tages kam der Wolf und fragte:
Darf ich herein?
Christof antwortete:
Nein, nein, nein, du darfst nicht rein!

Da schrie der Wolf:
Ich werde trampeln und strampeln
und husten und das Haus wegpusten!
Er trampelte und strampelte,
er hustete und pustete
und das Haus flog weg.

Doch das Schweinchen war nicht mehr da.

Christian machte sich ein Haus aus Pappe.

Eines Tages kam der Wolf und fragte:
Darf ich herein?

Christian antwortete:
Nein, nein, nein,
du darfst nicht rein!

Da schrie der Wolf:
Ich werde trampeln
und strampeln
und husten und
das Haus wegpusten!

Er trampelte und strampelte,
er hustete und pustete
und das Haus flog weg.

Doch das Schweinchen war nicht mehr da.

Christine machte sich ein Haus aus Stein.
Dort wohnte Christine
mit den anderen Schweinchen.

Eines Tages kam der Wolf und fragte:
Darf ich herein?

Die drei Schweinchen
antworteten im Chor:
Nein, nein, nein,
du darfst nicht rein!

Da schrie der Wolf:
Ich werde trampeln
und strampeln
und husten
und das Haus wegpusten!

Er trampelte und strampelte,
er hustete und pustete
und pustete und pustete.

Das Haus stand fest.

Da rannte der Wolf ums Haus
und ums Haus
und ums Haus
und dann in den Wald hinaus.

Die drei Schweinchen
lachten ihn aus.

Fernsehen und Computer

Keith Haring

Fernsehen und Computer

Draußen und drinnen

Großmutter, Mutter, Vater und Kind
vorm Fernseher versammelt sind.
Von draußen, vom Baum, kann man sie sehn.
Drauf sitzt wer, der kann das nicht verstehn.

„Die Menschen sind seltsam!
Mir ist nicht klar",
spricht zu seiner Frau der Star,
„wie man – wie ausgestopft – hocken mag
im Loch an diesem Frühlingstag.
So schön ist es heut:
Vor Glück muss man pfeifen!
Und die sitzen drinnen!
Kannst du das begreifen?"

Josef Guggenmos

Die neue Kamera

Julia hatte zum Geburtstag
eine Digital-Kamera erhalten.
Damit kann sie Fotos und Videos aufnehmen.

Heute will Julia Bilder im Dojo machen.
Dojo ist der Übungsraum für das Judo-Training.
Jeden Mittwoch trifft sie sich dort mit anderen
Jungen und Mädchen.

Anja übt mit Eva Würfe.
Julia macht ein Bild.
Leider ist es verwackelt.
Julia löscht es und
macht ein besseres.

Fernsehen und Computer

Nun soll Tom ein Bild machen,
wie Julia Anja am Boden festhält.
Dieser Griff heißt Kesa-Gatame.

Zum Schluss macht Julia
ein Foto von allen.
Sie verspricht:
„Ich schicke es euch
als E-Mail."

Nera am Computer

Lisa fährt diesen Sommer
mit ihren Eltern nach Italien.
Sie geht auf denselben Campingplatz,
wie in den letzten Sommerferien.
Lisa freut sich auf den Kinder-Club.
Dort kann sie mit anderen Kindern
spielen und Spagetti kochen.

Lisa setzt sich an den Computer
und schreibt auf,
was sie alles mitnehmen will:

Fernsehen und Computer

Sonnenbrille, Bikini, Sonnencreme,
Malstifte, Wasserball, Kuscheltier,
Taucherbrille, Taucher-Flossen,
Bücher, Comics.

Lisa überlegt.
Da kommt Nera herein. Sie will spielen.
Nera stupst mit der Schnauze auf die Tastatur.
O nein! Auf einmal steht auf dem Bildschirm:

Nonnenbrille, Nikini, Nonnencreme,
Nalstifte, Nasserball, Nuscheltier,
Naucherbrille, Naucher-Flossen,
Nücher, Nomics.

Lisa lacht.
Sie drückt die ←-Taste
und alles ist wieder richtig.

Pst, geheim!

Eugène Brands

Ein geheimnisvolles Haus

Lea hatte ihn gewarnt.
Aber er hatte ihr nicht geglaubt
und war allein hineingegangen.

Und nun war es unheimlich.
Ali sah drei Hände. Eine davon war weiß.
Das war wohl seine. Vorsichtig bewegte er sie – richtig!

Oben blinkte ein rotes Feld. Links war
ein schwarzer Schlüssel zu erkennen,
rechts ein Schlüsselloch.

Auf dem Boden blinkte etwas rot. Und was war das da?
Die blauen und gelben Streifen?

Er sah ein Gespenst mit einem roten Auge.
Schon kam eines mit einem blauen Auge geflogen.

Ali spürte einen Luftzug. Er ging in diese Richtung.
Durch einen Spalt sah er Sonnenlicht.
Zwei Schritte noch und er hatte es geschafft.
Er war draußen. Und da waren keine Gespenster.

Draußen stand Lea und winkte ihm zu.
Sie lachte und sagte:
Ich habe es gesagt. Wenn du da allein reingehst,
dann fängst du an, Gespenster zu sehen.

Martin Anton

Neun kleine Haus-Gespenster

Neun kleine Haus-Gespenster
tobten durch die Nacht.
Eines fand ein Lexikon.
Blieben nur noch acht.

Acht kleine Haus-Gespenster
wollten sich verlieben.
Eines schwamm zur Wassernixe.
Blieben nur noch sieben.

Sieben kleine Haus-Gespenster
trafen eine Hex.
Eines nahm sie mit als Diener.
Blieben nur noch sechs.

Sechs kleine Haus-Gespenster
suchten ihre Strümpf.
Eines nahm ein gelbes Taxi.
Blieben nur noch fünf.

Pst, geheim!

Fünf kleine Haus-Gespenster
jagten einen Stier.
Eines ritt auf ihm davon.
Blieben nur noch vier.

Vier kleine Haus-Gespenster
verreisten mit Geschrei.
Eines fuhr nach Mexiko.
Blieben nur noch drei.

Drei kleine Haus-Gespenster
mixten einen Brei.
Eines rannte weg damit.
Blieben nur noch zwei.

Zwei kleine Haus-Gespenster
kamen an ein Loch.
Eines kroch ganz fix hinein.
Blieb nur eines noch.

Ein kleines Haus-Gespenst
fühlte sich allein.
Schickte allen schnell ein Fax.
Da waren es wieder neun.

93

Pf pf

Der Geheimgang

Lea und Ali wollen Kürbisse pflanzen.
Sie rupfen alte Pflanzen und Wurzeln
aus der Erde.
Diese Wurzel sitzt besonders fest, schimpft Ali.
Lea will sie mit dem Spaten ausgraben.

Ein dumpfes Geräusch ertönt.
Da ist etwas unter der Erde, wundert sich Lea.
Gespannt graben die Kinder weiter.
Ein Metallstück ragt aus dem Boden.

Ein Türgriff, ruft Ali
und klopft auf klitschiges Holz.
Lea dreht und zieht am Griff.
Die Tür lässt sich öffnen. Dampf steigt auf.
Tapfer steckt Lea den Kopf in die Öffnung.
Eine Treppe, staunt Lea.
Sie führt zu einem langen Gang.

Pst, geheim!

Kinder, Essen kommen,
ruft plötzlich Leas Mutter.
Ali und Lea schließen schnell die Tür
und bedecken sie mit Erde.
Später essen sie zusammen Pfannkuchen.

Leas Mutter erzählen sie,
dass sie Kürbisse pflanzen wollen.
Vom Gang unter dem Kürbisbeet
sagen sie nichts.
Das bleibt erst einmal ihr Geheimnis.

Y y

Typisch Yannick

Alle kennen Yannick.
Beim Klettern ist er der Mutigste
und beim Rennen der Schnellste.
Alle wissen:
Er ist der Stärkste in der Klasse.

Yannick denkt:
Ich bin nicht immer stark.
Aber er sagt es nicht.
Heute hat er beim Basketball
wieder fünf Körbe geworfen.
Typisch Yannick.
Alle mögen ihn.

Pst, geheim!

Aber Yannicks Geheimnis kennen sie nicht.
Sein Geheimnis kennt niemand,
außer seinem Teddy.
Teddy weiß, dass Yannick an Gespenster glaubt.
Alle wissen: Es gibt gar keine Gespenster.

Yannick denkt:
Die Gespenster kommen, wenn es dunkel ist.
Aber er sagt es nicht.
Auch heute braucht Yannick im Dunkeln
wieder seinen Teddy.
Typisch Yannick.
Teddy hilft Yannick.

Dies und das

Otmar Alt

Kunterbunte Malerei

Ticke Tacke Tocke Taler:
Ich bin Otto Krebs, der Maler.

Ticke Tacke Tocke Tuhl:
Zum Malen brauch ich meinen Stuhl.

5 Ticke Tacke Tocke Tinsel:
Heftig schwing ich dann den Pinsel.

Ticke Tacke Tocke Tiegen:
Ich male, dass die Funken fliegen.

Ticke Tacke Tocke Tunt:
10 Was ich mal, wird kunterbunt.

Ticke Tacke Tocke Tane:
Der Mond wird gelb wie die Banane.

Ticke Tacke Tocke Tau:
Die Wiese mal ich himmelblau.

15 Ticke Tacke Tocke Tas:
Der Himmel, der wird grün wie Gras.

Ticke Tacke Tocke Tille:
Blau, gelb, rot wird meine Brille.

Ticke Tacke Tocke Tut:
20 Schwarz bleibt nur mein Malerhut.

Ticke Tacke Tocke Tause:
Selten mach ich eine Pause.

Ticke Tacke Tocke Tuhl:
Später steige ich vom Stuhl.

25 Ticke Tacke Tocke Tei:
Dann ist die Malerei vorbei.

Martin Anton

Geschichten erfinden

Lea hat einen Kreis
aus farbigem Papier
ausgeschnitten.

Ole nimmt nun seinen Stift.
Mit ein paar Strichen hat
sich der Kreis verwandelt!
„Darf ich vorstellen: Spinni",
sagt Ole.

Spinni kann mit ihren vielen Beinen
ganz schnell rennen.
Wenn es noch schneller gehen soll,
klappt sie ihre Beine, Arme und
ihren Kopf ein und rollt.

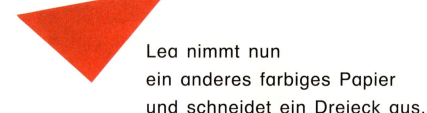

Lea nimmt nun
ein anderes farbiges Papier
und schneidet ein Dreieck aus.

Dies und das

Mit einem Stift malt sie weiter.

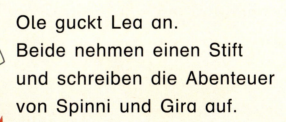

„Hallo, ich bin Gira.",
sagt die Giraffe zu Spinni.
„Komm, lass uns etwas erleben."

Ole guckt Lea an.
Beide nehmen einen Stift
und schreiben die Abenteuer
von Spinni und Gira auf.

Kemal

Kemal, mein Freund,
das ist einer!
Was der kann,
kann keiner.
Deutsch spricht er nicht viel.
Aber beim Fußballspiel.
Linksaußen.
Rechtsaußen.
Torwart, o Mann!
Es gibt keinen,
der das kann:
Kemal spricht
mit den Beinen.

Lisa-Marie Blum

L wie Lew

Maria ist vor zwei Monaten
nach Deutschland gekommen.
In Kasachstan hat sie Russisch gesprochen.

Jetzt geht sie in die 1. Klasse.
Heute lernen sie den Buchstaben L.
An der Tafel hängt ein Bild von einem Löwen.
Die Lehrerin fragt Maria, wie das Tier heißt.
Maria sagt: „Lew."

Viele Kinder lachen.
Die Lehrerin sagt: „Lew ist Russisch.
Auf Deutsch heißt es Löwe.
Aber beides fängt mit L an."

Auf dem Heimweg sagt
Marias Freundin Suna:
„Auf Türkisch heißt Löwe Aslan.
Jetzt kannst du ein türkisches Wort
und ich kann ein russisches Wort."

Otto Morath

Der Eiertrick

Tom ist in Klasse 1a.
Er ist kleiner als alle.
Er kann klettern, lesen,
rechnen und rennen.
Seine Schultasche kann er
nicht alleine tragen.

Tom kann einen Eiertrick.
Er nimmt ein gekochtes Ei
und schält es.

Danach zündet Tom
ein Streichholz an.
Er steckt es in eine
Milchflasche.

Dann setzt Tom das Ei
auf die Flasche.
Was wird geschehen?

Dies und das

Der Ausflug

Das Kind im Rollstuhl fährt durch den Zoo.
Das Kind im Rollstuhl freut sich so.
Es sieht die Zebras und Giraffen,
die Elefanten und die Affen,
allen Tieren winkt es zu,
dem Panther und dem Känguru,
dem Büffel und dem Kakadu,
dem Nilpferdbaby und dem Gnu.
Das Kind im Rollstuhl fährt durch den Zoo.
Das Kind im Rollstuhl freut sich so.
Es hat vergessen, dass jemand es schiebt.
Es weiß nur, dass es die Tiere liebt.

Georg Bydlinski

1
Du kommst
zu den Kängurus.
Hüpfe wie sie
um deinen Tisch.

Sta

2
Bären lieben Honig.
Krieche unter deinen Tisch
und mache das Summen
der Bienen nach.

Ziel

3

21
Du hast die Antilopen
nicht besucht.
Zurück auf Feld 19.

4
Stelle dich wie ein Flamingo
auf ein Bein. Zähle bis 10.

5
Du hast Angst vor dem Tiger:
Zurück zum Start.

Du hast dich verlaufen.
Steige auf deinen Stuhl
und halte Ausschau.

6

7
Nenne drei Tiere,
die im Streichelzoo sind.

8

9
Der afrikanische Elefant
hat große Ohren. Zeige, wie
die Ohren aussehen.

106

Meine Oma Anni

Ich bin Paula ... und das ist meine Oma Anni.

Ich hab meine Oma Anni sehr lieb.
Auch wenn sie nicht so ist, wie die anderen Omas,
die ich kenne. Oma Anni wohnt bei uns im Haus.
Also bei mir und meiner Mama und meinem Papa.
5 Oben im Dachgeschoss wohnt sie.
Da hat Papa ihr extra ein Zimmer gebaut,
weil sie zu alt wurde, um allein in ihrer Wohnung zu leben.
Und auch, weil sie langsam – je älter sie wird –
immer noch ein Stückchen mehr anders
10 als die anderen wird.
Deswegen braucht
sie uns jetzt,
hat Papa gesagt.

Dies und das

Dass meine Oma Anni nicht so ist wie die meisten
15 anderen Omas, das liegt daran, dass sie krank ist.
Sie hat eine Krankheit, die nennt man Alzheimer.
Ich finde, das ist ein komisches Wort,
aber die Krankheit heißt so, weil ein Herr Alois Alzheimer
die mal entdeckt hat.
20 Und da hat er ihr einfach seinen eigenen Namen gegeben.

Ich finde es gut, dass dieser Herr Alzheimer
diese Krankheit entdeckt hat.
Denn jetzt weiß ich wenigstens, was ich
dem doofen Moritz aus dem Nachbarhaus sagen kann,
25 wenn er wieder mal behauptet, dass meine Oma
bloß verrückt ist.
Das ist sie nämlich nicht! Kein bisschen!
Na ja, auch wenn sie manchmal ganz merkwürdige
Sachen macht. Aber eine Krankheit zu haben
30 hat gar nichts mit Verrücktsein zu tun.
Und genau das sag ich dem Moritz auch!

Dagmar H. Mueller und Verena Ballhaus

Wie es weitergeht,
erfährst du in dem Buch
Herbst im Kopf
von Dagmar H. Mueller
und Verena Ballhaus.

Eine halbe Stunde

Mein Papa ist Elektriker.
Er verkauft Fernsehgeräte.

Er setzt auch Satelliten-Schüsseln aufs Dach.
Er bohrt Löcher und verlegt Kabel.
Am Ende räumt er alles auf.

Ich freue mich, wenn Papa von der Arbeit kommt.
Dann hat er Zeit für mich.
Wir spielen oder basteln zusammen.

Aber manchmal klingelt es an der Tür.
Irgendein Nachbar steht da und hat ein Problem:
ein Bügeleisen, das nicht bügelt,
ein Fernseher, der kaputt ist.

Dann sagt Papa immer:
„In einer halben Stunde
komme ich vorbei."

Die halbe Stunde
gehört Papa und mir.

Friederike Engelmann

Dies und das

Buntstift und Computer

Leon malt mit Buntstiften ein Bild.
Mama sitzt am Computer und arbeitet.

Plötzlich ruft Mama: „O, nein!"
„Was ist los?", will Leon wissen.

„Ein Virus muss auf meinem Computer sein",
sagt Mama ärgerlich.
„Nun ist alles weg,
was ich in der letzten Stunde gemacht habe.
Ich habe ganz umsonst gearbeitet."

„Arme Mama!", sagt Leon
und streichelt Mamas Arm.

Mama seufzt.
Dann lächelt sie und sagt:
„Nur gut, dass dein Bild
nicht verschwunden ist.
Das hast du wirklich
sehr schön gemalt."

Martin Anton

Durch das Jahr

Miró

Das Jahr

Grau
Der Winter
Eis und Frost
Jacke, Schal und Mütze
Brr!

Grün
Der Frühling
Schmetterlinge und Blumen
Ich kann draußen spielen
Toll!

Rot
Der Sommer
Sonne und Schatten
Ich gehe gerne schwimmen
Platsch!

Gelb
Der Herbst
Blätter werden bunt
Äpfel und Birnen fallen
Plumps!

Friederike Engelmann

Herbst

Falle, falle, gelbes Blatt,
rotes Blatt –
bis der Baum
kein Blatt mehr hat.
Weggeflogen alle.

Wilhelm Bender

Martinstag

La_erne
S_nne M_n_
un_ _erne

Durch die Straßen auf und nieder
leuchten die Laternen wieder.
Rote, gelbe, grüne, blaue,
lieber Martin komm und schaue.

Nikolaustag

Er war da

Roter Mantel,
der Bart lang
und weiß,
kommt er gegangen
ganz heimlich und leis.
Ein Rascheln,
ein Wispern,
ein Tuscheln,
ein Knistern
tief in der Nacht.

Nikolaus hat
an uns alle
gedacht.

Elke Bräunling

Advent

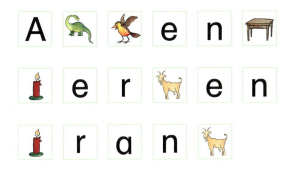

Ich möcht euch was sagen:
Es ist schon Advent.
Kommt, seht und staunet:
Das erste Licht brennt!

Ich möcht euch was sagen:
Das Warten wird lang.
Drum zünde ich eilig
das zweite Licht an!

Ich möcht euch was sagen:
Bald ist es so weit,
drei Lichter am Kranze
verzaubern die Zeit.

Ich möcht euch was sagen
und sage es gern:
Vier Lichter verkünden
die Nähe des Herrn!

Gabi Hoppmann

Weihnachten

Weihnachts-Zeit

Wenn Weihnachtslieder froh erklingen,
dann ist Weihnachten nah.
Und schon in ein paar Tagen
ist das schöne Fest da.

Wenn Sterne unsre Fenster schmücken,
dann ist Weihnachten nah.
Und schon in ein paar Tagen
ist das schöne Fest da.

Gertrud Lorenz

Die drei Spatzen

In einem leeren Haselstrauch
da sitzen drei Spatzen, Bauch an Bauch.

Der Erich rechts und links der Franz
und mittendrin der freche Hans.

Sie haben die Augen zu, ganz zu,
und obendrüber, da schneit es, hu!

Sie rücken zusammen dicht an dicht.
So warm wie der Hans hat's niemand nicht.

Sie hören alle drei ihrer Herzlein Gepoch.
Und wenn sie nicht weg sind, so sitzen sie noch.

Christian Morgenstern

Fasching

In ianer oer Tier,

u kannst alles sein:

rinessin oer Monster

oer Oeli mit Hinkelstein.

o wenn Faing

or   ist,

sei itte, er u  ist.

Durch Lärm und mit grässlichen Masken wollten die Menschen früher den Winter aus dem Land jagen, damit es Frühling werden kann.
Viele Faschingsbräuche erinnern noch daran.

Frühling

Ich freu mich auf den Frühling

Nach draußen laufen, Sonne fühlen,
zum ersten Mal im Sand rumwühlen,
mit Glitzerseifenblasen tanzen,
die ersten Frühlingsblumen pflanzen,
mich hinterm Lieblingsbusch verstecken,
den Spielplatz wieder neu entdecken,
nach meinem Igel Ausschau halten,
für Ostern bunte Hühner falten.
Und beim Zubettgehn immer denken:
Ob sie mir einen Hasen schenken?

Regina Schwarz

Ostern

Der Eierdieb

Der Osterhase hat heut Nacht
einen Überfall gemacht.
Hühner, Hahn und auch der Bauer,
alle waren ziemlich sauer.

Doch statt die Eier zu verteilen,
will er schnell nach Hause eilen.
Er macht ein riesiges Omelett
und legt sich grinsend in sein Bett.

Andreas Röckener

Osterbräuche

In allen christlichen Ländern feiern die Menschen
an Ostern die Auferstehung von Jesus Christus.
Es gibt viele unterschiedliche Osterbräuche.

Das Osterfeuer

In vielen Gemeinden wird in der Osternacht
das Osterfeuer entzündet. Die Menschen glauben,
dass es wie die Sonne nach dem langen Winter
wieder mehr Wärme und Licht bringt.

Das Osterrad

In Norddeutschland und in den Alpen
lassen die Menschen nachts riesige Räder
mit Stroh von den Hügeln herunterrollen.
Ist das Rad unten heil angekommen,
soll es eine gute Ernte geben.

In Schweden

Am Ostersamstag verkleiden sich die Kinder
mit Kopftüchern und langen Röcken als Osterweiber.
Sie ziehen mit einem Gefäß von Tür zu Tür
und verteilen Osterbriefe.
Dafür erhalten sie Süßigkeiten.
Das Osterfest wird mit Feuerwerk
und viel Lärm gefeiert. Das soll
die bösen „Osterhexen" vertreiben.

Muttertag

Gute Blume

Du brauchst:
- bunte Tonkartonreste und einen DIN-A4-Tonpapier-Bogen in heller Farbe
- einen Trinkbecher
- Bleistift
- Schere
- Klebstoff
- einen Holzspieß
- Klebeband

1. Zeichne mit Hilfe des Bechers zwei Kreise auf Tonkarton.

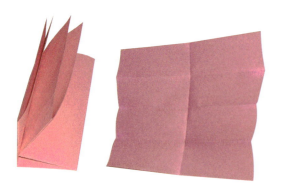

2. Falte den Tonpapier-Bogen zweimal mittig und einmal längs zusammen. Du erhältst acht längliche Felder.

3. Zeichne in jedes Feld ein großes Blütenblatt. Schneide die beiden Kreise und die acht Blütenblätter aus.

Muttertag

4. Beschrifte die Blütenblätter, wie einen Gutschein. Schreibe klein.

5. Klebe die Blüten-Gutscheine rundherum auf einen der Kreise. Eine Blume entsteht.

6. Schreibe auf den anderen Kreis einen Gruß an deine Mama.

7. Klebe den Gruß mit sehr wenig Klebstoff in der Kreismitte fest.

8. Befestige den Holzspieß mit Klebeband als Stängel an der Rückseite der Blüte.

Sommer

Bad im Sommer

Hans-Jürgen Press

Sommer

Was der Sommer alles macht

Hast du schon daran gedacht,
was der Sommer alles macht,
was der Sommer alles kann,
heut' und irgendwann?

Er bringt wieder Eis zum Schlecken,
Donner, Blitze, Mücken, Zecken,
Fledermäuse, Extrawurst,
Affenhitze, Riesendurst.

Regenbogen, Gartenzwerge,
Feriengrüße – ganze Berge!
Autofahrer stehn im Stau,
ärgern sich schon grün und blau.

Kinder lässt der Sommer lachen,
weil sie wieder Ferien machen.
Manche flüchten weg vom Strand,
kühlen ihren Sonnenbrand.

Bernhard Lins (gekürzte Fassung)

BAUSTEINE Fibel

Erarbeitet von Kirsten Bruhn, Regina Eimermacher-Raczek, Sabine Gudat-Vasak, Gabriele Hinze, Siegfried Müller, Daniela Reinker, unter Beratung von Siegfried Buck, auf der Grundlage von Bausteine Fibel (MD 11080), herausgegeben von Siegfried Buck, erarbeitet von Gisela Buck, Siegfried Buck, Gabriele Hinze, Siegfried Müller, Helge Weinrebe.

Illustriert von Julia Ginsbach, Yvonne Hoppe-Engbring, Dieter Konsek, Katrina Lange, Annika Meier, Anke Rauschenbach, Miryam Specht

Abbildungsnachweis

S. 4 © Otmar Alt, tanzender Elefant, Prägedruck auf Aluminium, 1996. **S. 12** Giovanni Vetere, Asilo infantile. Fresco auf Jute.125x90 cm, 1990. **S. 20** Friedensreich Hundertwasser, 763 Rainbowhouse (Regenbogenhaus), © Hundertwasser Archiv, Wien. **S. 28** Kestutis Kasparavicius (Contemporary Artist), Argument 2003 (w/c on paper), Private Collection / The Bridgeman Art Library. **S. 36** August Macke, Großer zoologischer Garten (Tryptichon), akg-Images / Erich Lessing. **S. 40** oben links und unten: Helga Lade Fotoagentur GmbH, oben rechts: K. Wothe / Arco Images. **S. 41** oben links: Justus de Cuveland / alimdi.net, oben rechts: OKAPIA KG, Germany, unten: Transier/Adpics/F1 ONLINE. **S. 44** Helga Sermat, Lesende Katze/reading cat. **S. 52** Wassily Kandinsky, Mit und gegen, 1929. Öl auf Leinwand. © VG-Bild-Kunst, Bonn 2007. **S. 60** © Rosemary Woods/Illustration Works/Corbis. **S. 68** Mordillo, Made in Paris XV, © 1979 OLI Verlag N.V. **S. 74** Hans Fischer, Rotkäppchen. © Artemis Verlag Zürich, 1961 Märchenbilder gezeichnet von Hans Fischer. **S. 84** Keith Haring, Untitled, 1986. © The Estate of Keith Haring. **S. 86** (Kamera), www.nikon.de. (Judo), Siegfried Müller, Grenzach-Wyhlen. **S. 87** Siegfried Müller, Grenzach-Wyhlen. **S. 90** Eugene Brands, Magische Aktiviät, Galerie d'Eend, Amsterdam. **S. 98** © Otmar Alt, Krebs, Acryl auf Leinwand, 1997. **S. 104** Siegfried Müller, Grenzach-Wyhlen. **S. 108, 109** Dagmar H. Mueller / Verena Ballhaus: Herbst im Kopf. Meine Oma Anni hat Alzheimer. © 2006 Annette Betz Verlag. **S. 112** Joan Miro, daybreak 1968. © Successió Miró/VG Bild-Kunst, Bonn 2007. **S. 117** Hans Baldung Grien: Geburt Christi. **S. 119** Christian Morgenstern, Die drei Spatzen, aus: Gesammelte Werke, Piper Verlag:München 1965. **S. 124, 125** Sabine Gudat-Vasak, Hanau. **S. 126** Bad im Sommer „Bad hinterm Holunderbusch" aus © „Der kleine Herr Jakob" von Hans Jürgen Press, Verlag Beltz & Gelberg, 2004.

Quellennachweis

S. 13 Detlef Cordes, Endlich in der Schule, aus: www.spiellieder.de, Heute ist mein erster Schultag, Hamburg. **S. 21** Gina Ruck-Pauquèt, Hausspruch, aus: Wunder Welt, Pädagogischer Verlag Schwann: Düsseldorf 1968. **S. 37** Detlev Kersten, Was Tiere können, aus: H.-J. Gelberg (Hrsg.). Überall und neben dir. Gedichte für Kinder. Beltz und Gelberg: Weinheim und Basel 1986, **S. 14. S. 45** Hans Baumann, Lesestunde, aus: Winfried Ulrich, Sprachspiele für jüngere Leser und Verfasser von Texten, Hahner Verlagsgesellschaft: Aachen 2004, **S. 74 f. S. 61** Lea Hector, Freunde (Quelle konnte nicht ermittelt werden). **S. 85** Josef Guggenmos, Draußen und drinnen, aus: Oh, Verzeihung, sagte die Ameise, Beltz Verlag: Weinheim und Basel 1990. **S. 102** Lisa-Marie Blum, Kemal, aus: Sylvia Bartholl (Hrsg.). Texte dagegen. Beltz und Gelberg: Weinheim und Basel 1993. **S. 105** Georg Bydlinski, Der Ausflug, aus: Wasserhahn und Wasserhenne. Gedichte und Sprachspielereien, Patmos Verlag: Düsseldorf 2002. **S. 108, 109** Dagmar H. Mueller, Verena Ballhaus, Meine Oma Anni, aus: Herbst im Kopf, Verlag Carl Ueberreuter: Wien und München 2006. **S. 114** Wilhelm Bender, Falle, falle gelbes Blatt, rotes Blatt. copyright by EDITION VERLAG FÜR DEUTSCHE MUSIK ROBERT RÜHLE: München. **S. 116** Elke Bräunling, Er war da, aus: Kerstin Kipker (Hrsg.), Von drauß vom Walde komm ich her, Arena Verlag: Würzburg 1997. **S. 117** Gabi Hoppmann, Ich möchte euch was sagen, aus: Rolf Krenzer, Neue Spiele und Lieder für den Kindergarten. Von St. Martin bis zum Dreikönigstag, Edition Kemper im Verlag Kaufmann: Lahr 1989. **S. 118** Gertrud Lorenz, Wenn der Adventskranz auf dem Tisch steht (bearbeitet), aus: Rolf Krenzer, Neue Spiele und Lieder für den Kindergarten. Von St. Martin bis zum Dreikönigstag, Edition Kemper im Verlag Kaufmann: Lahr 1989. **S. 119** Christian Morgenstern,Die drei Spatzen, aus: Gesammelte Werke, Piper Verlag: München 1965. **S. 121** Regina Schwarz und Julia Wittkamp, Ich freu mich auf den Frühling, Heinrich Ellermann Verlag: Hamburg 1995. **S. 122** Andreas Röckener, Der Eierdieb (Originalbeitrag). **S. 127** Bernhard Lins, Was der Sommer alles macht, aus: Was der Sommer alles macht, Verlag Herder: Freiburg 1991. Die anderen Texte sind Originalbeiträge für diese Fibel.

© 2008 Bildungshaus Schulbuchverlage
Westermann Schroedel Diesterweg Schöningh Winklers GmbH, Braunschweig
www.diesterweg.de

Das Werk und seine Teile sind urheberrechtlich geschützt. Jede Nutzung in anderen als den gesetzlich zugelassenen Fällen bedarf der vorherigen schriftlichen Einwilligung des Verlages. Hinweis zu § 52a UrhG: Weder das Werk noch seine Teile dürfen ohne Einwilligung gescannt und in ein Netzwerk eingestellt werden. Dies gilt auch für Intranets von Schulen und sonstigen Bildungseinrichtungen.

Druck A⁷ / Jahr 2013
Alle Drucke der Serie A sind im Unterricht parallel verwendbar.

Redaktion: Corinna Hilger
Herstellung: Nicole Hotopp
Umschlaggestaltung: Visuelle Lebensfreude, Hannover, Peter Pfeiffer (Illustration),
www.biolib.de (botanische Zeichnung) , www.photocase.de (Hintergrund)
Typografie und Layout: Anke Rauschenbach, Annette Henko
Satz und technische Umsetzung: Druck- und Medienhaus Sigert GmbH, Braunschweig
Druck und Bindung: westermann druck GmbH, Braunschweig

ISBN 978-3-425-**14101**-5

Liebe Eltern,

Kinder hören aus gesprochenen Lauten oft nur einzelne Laute, meistens die Anfangslaute heraus. Auch in geschriebenen Wörtern entdecken sie meist nur einzelne Buchstaben. Dann erkennen sie, dass bestimmte Laute und Buchstaben zusammengehören. Sie haben aber dabei ein Problem: Sie hören bei einem Wort wie „See" am Anfang zwar ein „s", wissen aber, dass hier ein „ES" steht und lesen nun „ES-e". Sie buchstabieren anstatt zu lautieren. Wenn Sie ihrem Kind helfen wollen, sagen Sie also bei „S" keinesfalls „ES", ebenso nicht „EL" und „EM" bei „L" und „M" usw.

Die Kinder lernen in dieser Fibel die Buchstaben zunächst über die Anlaute. Sie erhalten dazu als Hilfe eine Tabelle mit Bildern und Buchstaben. Damit können Sie alle Anlaute den passenden Buchstaben zuordnen. Die Einführung der Buchstaben im Lehrgang erfolgt später.

Da die Buchstaben anfangs also noch nicht beherrscht werden, können die Kinder zuerst nur die Anlaute der Anlaut-Bilder „lesen": heißt damit „L-e-a".

Mit der Anlauttabelle können die Kinder auch Wörter „schreiben", entweder in der „Bilderschrift" oder schon mit den darunterstehenden Buchstaben. Da in unserer Sprache die Buchstaben und Laute nicht immer genau zusammenpassen, schreiben die Kinder bei „Stein" oft „Schtain". Wenn ihnen das gelingt, haben sie eine große Leistung vollbracht.
Lassen Sie ihr Kind so schreiben: Korrigieren Sie es nicht, auch wenn es für „Hammer" zunächst nur „HMR" geschrieben hat. Das genaue Abhören der Lautfolge der Wörter ist der erste Schritt zur Rechtschreibung. Ihr Kind wird im Laufe des Lehrgangs die richtige Schreibweise noch lernen.

Die Fibel ist in zwölf Buchstaben- und zwei Zusatz-Kapitel gegliedert.

Die Buchstaben-Kapitel beginnen mit den Einleitungsdoppelseiten, die zur Bildbetrachtung und zum Vorlesen gedacht sind. Bei den Seiten zur Buchstabeneinführung stehen oben die Buchstaben, die neu eingeführt und von den Kindern geübt werden. Die Texte auf der linken und der oberen Hälfte der rechten Seite sollen die Kinder selbstständig erlesen. Dazu gehören auch die „Rätselwörter" mit Anlaut-Bildern.

Der Text im Kasten mit dem Stern ist als Zusatztext für Kinder gedacht, die sich schon selbstständig weitere Buchstaben gemerkt haben. Dieser Text darf auf keinen Fall von allen Kindern verlangt werden! Ebenso sind handschriftliche Texte und Wörter im Rahmen der Illustration ein Zusatzangebot.

Die Texte des Kapitels „Dies und das" sollen erst nach Ende des Leselehrgangs gelesen werden!

Liebe Eltern, freuen Sie sich mit Ihrem Kind auch über kleine Fortschritte. Wenn Sie keinen Druck auf ihr Kind ausüben, wird es das Lesenlernen bis zum Ende des 1. Schuljahres gut schaffen. Und wenn es ohne Druck lesen gelernt hat, haben Sie mit ihm zusammen die beste Grundlage für den Lese- und Schreiberfolg der späteren Schuljahre gelegt.

Ihr
Siegfried Buck